MARWEN JELLOUL

Investir dans l'immobilier en TUNISIE

Guide complet pour les Français

Plume Universelle

Marwen Jelloul

Marwen Jelloul, expert reconnu dans le domaine de l'investissement immobilier en France et à l'international. Fort de nombreuses années d'expérience, j'ai développé une expertise unique qui me permet de naviguer avec succès sur les marchés immobiliers les plus divers, en identifiant des opportunités à fort potentiel de croissance et de rendement.

Mon parcours est marqué par une quête constante de l'innovation et de la performance, alliant une vision stratégique de l'investissement à une compréhension fine des dynamiques économiques locales et globales. En tant qu'investisseur, j'ai su capitaliser sur des projets variés, allant des résidences privées aux investissements commerciaux, en France et au-delà, tout en intégrant une approche durable et responsable.

Parallèlement à mon activité d'investisseur, j'ai également embrassé le monde entrepreneurial avec une volonté de construire des ponts entre les univers de l'investissement et de l'art. Je crois fermement que l'immobilier, tout comme l'art, peut transformer les vies et les communautés en créant des espaces qui inspirent et dynamisent. C'est pourquoi je m'efforce de soutenir des projets qui allient esthétisme, innovation et impact social.

Dans mes ouvrages sur l'entrepreneuriat et l'investissement immobilier, je partage des insights précieux issus de mon expérience personnelle, offrant des conseils pratiques et stratégiques pour réussir dans ces domaines compétitifs. Mon objectif est d'inspirer et de guider les investisseurs à travers les complexités du marché immobilier, en leur fournissant les outils nécessaires pour maximiser leur succès.

Ma mission est de continuer à explorer les intersections fascinantes entre l'art, l'entrepreneuriat et l'investissement immobilier, et d'encourager d'autres à s'engager dans cette aventure avec passion et audace. Rejoignez-moi dans ce voyage où chaque projet est une opportunité de créer de la valeur, de l'innovation et de la beauté dans le monde.

"Chaque pierre en Tunisie raconte une histoire. En investissant ici, vous devenez partie intégrante de cette histoire, avec ses défis et ses succès."

// Marwen JELLOUL

- Sommaire -

Introduction générale sur l'investissement
immobilier en Tunisie.. 11

Présentation de la Tunisie : Un pays aux multiples
facettes.. 21

Cadre juridique de l'immobilier en Tunisie : Ce que
tout investisseur doit savoir.. 29

Conditions et processus d'achat en Tunisie : Un
voyage à travers la bureaucratie et les subtilités
locales.. 37

Implications fiscales et financières en Tunisie :
Naviguer dans les eaux fiscales avec prudence..... 45

Vie culturelle, touristique et sociale en Tunisie :
Une immersion fascinante... 53

Investissement locatif en Tunisie : Opportunités et
conseils pratiques.. 63

Guide pratique pour investir en Tunisie : Étapes,
conseils et meilleures pratiques............................... 73

Conclusion : Avantages et défis de l'investissement
immobilier en Tunisie... 83

Introduction générale sur l'investissement immobilier en Tunisie

L'idée d'investir à l'étranger a longtemps captivé l'esprit des investisseurs français en quête de nouvelles opportunités. En explorant diverses destinations, la Tunisie se démarque non seulement par son histoire riche et sa culture fascinante, mais aussi par son potentiel d'investissement immobilier encore largement sous-exploité. Ce petit pays méditerranéen, à la croisée des chemins entre l'Europe et l'Afrique, offre un terrain fertile pour les investisseurs cherchant à diversifier leur portefeuille tout en explorant de nouvelles perspectives.

L'attrait de la Tunisie : Une rencontre entre tradition et modernité

La Tunisie, avec ses paysages variés allant des plages dorées de Djerba aux dunes impressionnantes du Sahara, est une destination qui séduit par sa diversité. Mais ce qui rend ce pays véritablement intéressant pour l'investissement immobilier, c'est la manière dont il combine tradition et modernité. Les médinas labyrinthiques des villes comme Tunis et Sousse, avec leurs marchés animés et leurs bâtiments historiques, contrastent avec les quartiers modernes et les développements immobiliers récents, tels que les Berges du Lac à Tunis ou le complexe touristique de Port El Kantaoui.

Ma propre aventure avec l'immobilier tunisien a commencé avec un mélange d'enthousiasme et d'appréhension. J'avais entendu parler des prix attractifs et des opportunités intéressantes, mais je savais que, comme dans tout investissement à l'étranger, il y aurait des défis à surmonter. Mes premières visites en Tunisie furent à la fois une découverte et une immersion dans un monde immobilier bien différent de celui que je connaissais.

Le climat économique et politique :

Un regard sur le contexte

La Tunisie a traversé des périodes de bouleversements politiques depuis la Révolution de 2011, mais elle reste un marché prometteur pour les investisseurs. Le pays a entrepris des réformes économiques significatives pour stimuler la croissance et attirer les investissements étrangers. Le secteur immobilier, en particulier, bénéficie d'incitations fiscales et de programmes de soutien pour encourager les investissements étrangers. Cependant, il est crucial de naviguer dans cet environnement avec une bonne compréhension des règles locales et des dynamiques du marché.

Mon premier voyage à Tunis m'a permis d'observer de près ces dynamiques. En discutant avec des agents immobiliers et des investisseurs locaux, j'ai appris que le marché immobilier tunisien est en pleine mutation. De nouveaux projets de développement voient le jour, et l'intérêt pour les propriétés résidentielles et commerciales ne cesse de croître. J'ai également constaté que la Tunisie attire de plus en plus d'investisseurs européens, séduits par les prix compétitifs et le potentiel de rentabilité.

Une immersion dans la réalité locale

En discutant avec des investisseurs et des experts locaux, j'ai découvert que la Tunisie, malgré ses défis politiques et économiques, reste un marché prometteur. Lors de l'une de mes premières visites à Tunis, un expert local m'a expliqué la complexité des procédures administratives. En me racontant ses propres expériences, il a plaisanté en disant : « Ici, nous avons une expression : 'Si vous voulez que quelque chose soit fait en une journée, commencez-le il y a un mois.' » Cette remarque m'a fait sourire, mais elle m'a aussi préparé à la patience nécessaire pour naviguer dans le système local.

Les défis de l'investissement immobilier en Tunisie : Ce que j'ai appris

Investir en Tunisie n'est pas sans défis. Les différences culturelles, les nuances juridiques, et les spécificités du marché peuvent parfois créer des obstacles pour les investisseurs étrangers. Par exemple, la complexité des démarches administratives et la nécessité de comprendre le droit immobilier tunisien sont des aspects cruciaux que tout investisseur doit maîtriser. J'ai moi-même rencontré des difficultés initiales avec les formalités administratives. Lors de mon premier achat, j'ai été confronté à des démarches qui semblaient interminables et parfois opaques. Grâce à l'aide de professionnels locaux et à une bonne dose de patience, j'ai pu naviguer à travers ces défis et réussir mon investissement.

Une expérience de patience : Les formalités administratives

Une autre anecdote mémorable concerne les formalités administratives. Lors de mon premier achat, j'ai passé des heures à essayer de comprendre les documents nécessaires. Le notaire, avec une patience infinie, m'a expliqué les étapes à suivre. Après une longue journée de paperasse, il m'a dit en riant : « Si vous pensiez que c'était compliqué ici, essayez de le faire en France ! » Cette remarque a allégé l'atmosphère et m'a rappelé que chaque marché a ses propres défis.

Les avantages d'investir en Tunisie : Pourquoi cela vaut le coup ?

Malgré ces défis, les avantages d'investir en Tunisie sont indéniables. Les prix de l'immobilier y sont encore abordables comparés à ceux de nombreux autres marchés méditerranéens. Cette accessibilité, combinée à un potentiel de rentabilité élevé, fait de la Tunisie une destination privilégiée pour les investisseurs cherchant à maximiser leur retour sur investissement. De plus, la stabilité politique relative, le climat agréable et les réformes favorables aux investisseurs étrangers sont des atouts importants.

Un autre avantage notable est le développement continu des infrastructures. Le gouvernement tunisien a lancé plusieurs projets d'envergure visant à améliorer les infrastructures et à soutenir le secteur touristique. Ces initiatives, telles que la construction de nouveaux complexes hôteliers et de centres commerciaux, augmentent l'attrait du pays pour les visiteurs et les locataires potentiels, rendant l'investissement immobilier encore plus attrayant.

Une expérience personnelle

Mes débuts dans le marché tunisien

Je me souviens encore de mon premier achat immobilier en Tunisie comme d'une aventure palpitante. Après avoir passé des semaines à rechercher des propriétés et à m'informer sur les différents quartiers, j'ai finalement trouvé un bien qui semblait répondre à mes attentes. Le processus d'achat fut une véritable épreuve de patience. Les réunions avec les notaires, les échanges interminables de documents, et les négociations avec les agents immobiliers furent autant d'étapes qui m'ont permis de mieux comprendre le marché local.

L'un des moments les plus mémorables de mon parcours a été la visite d'un appartement en bord de mer à Hammamet. L'appartement était charmant, avec une vue imprenable sur la mer Méditerranée, mais il nécessitait quelques travaux. Le vendeur, un entrepreneur local, m'a fait une offre qu'il était difficile de refuser, mais j'ai dû faire preuve de prudence. J'ai finalement pris le temps de vérifier minutieusement l'état de la propriété et de consulter des experts locaux avant de finaliser l'achat. Cette expérience m'a appris l'importance de la diligence et de la vérification rigoureuse lors de l'acquisition d'un bien à l'étranger.

Le charme des négociations tunisiennes

L'une des expériences les plus divertissantes que j'ai vécues a été lors de mes négociations pour un autre bien immobilier à Hammamet. Le vendeur, un homme charmant avec une moustache imposante, semblait plus intéressé par les histoires que par la vente elle-même. Lors d'une de nos discussions, il m'a raconté comment il avait échangé un appartement contre un chameau lors d'un voyage dans le sud du pays. Bien sûr, je savais que c'était une plaisanterie, mais cette anecdote m'a permis de mieux comprendre la culture locale et de nouer des liens avec le vendeur.

Un regard vers l'avenir : Le potentiel de l'immobilier tunisien

Aujourd'hui, la Tunisie continue de m'émerveiller par son dynamisme et ses opportunités. L'immobilier, en particulier, est un secteur qui offre encore beaucoup de potentiel pour ceux qui souhaitent investir intelligemment. Le pays est en pleine transformation, avec des projets de développement qui promettent de renforcer l'attractivité du marché immobilier. En tant qu'investisseur, je suis convaincu que la Tunisie reste un choix judicieux pour ceux qui cherchent à diversifier leurs investissements et à explorer de nouvelles opportunités.

L'avenir semble prometteur pour l'immobilier tunisien, et je suis ravi d'avoir eu l'opportunité de participer à cette aventure. Les leçons que j'ai apprises et les expériences que j'ai vécues tout au long de mon parcours m'ont non seulement enrichi en tant qu'investisseur, mais elles m'ont également permis de découvrir un pays fascinant et accueillant.

En conclusion, investir en Tunisie est une aventure qui mérite d'être explorée. Avec une préparation adéquate, une compréhension approfondie du marché local, et une approche proactive, les investisseurs peuvent non seulement trouver des opportunités intéressantes, mais aussi s'immerger dans une culture riche et diversifiée. Ce guide se propose de vous accompagner tout au long de ce voyage, en vous fournissant les informations nécessaires pour réussir votre investissement immobilier en Tunisie.

Présentation de la Tunisie
Un pays aux multiples facettes

La Tunisie, située au nord de l'Afrique, est souvent considérée comme le carrefour entre l'Orient et l'Occident. C'est un pays où les influences méditerranéennes se mêlent harmonieusement aux traditions arabes et africaines. Cette diversité géographique, économique et culturelle en fait une destination fascinante, tant pour les touristes que pour les investisseurs.

Une géographie contrastée : Des plages aux déserts

La Tunisie offre une variété de paysages à couper le souffle, allant des plages de sable fin de la côte méditerranéenne aux dunes imposantes du désert du Sahara. Lorsque je suis arrivé pour la première fois en Tunisie, j'ai été frappé par la beauté de Sidi Bou Said, ce village perché sur une colline, avec ses maisons blanches et ses volets bleus, dominant une mer turquoise. Un matin, alors que je dégustais un café dans un petit café local, un chat s'est tranquillement installé sur mes genoux, comme s'il était le maître des lieux. Ce genre de moment, simple mais mémorable, m'a fait comprendre à quel point la Tunisie peut être accueillante.

En contraste, lors d'un voyage dans le sud, j'ai exploré le désert du Sahara. Mon guide, un homme au rire contagieux, m'a proposé de monter un dromadaire. Ce que je n'avais pas prévu, c'est que l'animal déciderait soudainement de se coucher alors que j'essayais de monter. La chute a été plus amusante que douloureuse, et le guide n'a pas manqué de plaisanter : « Les dromadaires ont leur propre agenda, et aujourd'hui, il semble qu'il soit en vacances ! » Cette aventure m'a fait réaliser que la Tunisie est un pays où il faut s'attendre à l'inattendu, ce qui ajoute à son charme.

Un climat diversifié : Entre soleil et fraîcheur

Le climat tunisien varie selon les régions. Le nord jouit d'un climat méditerranéen, avec des étés chauds et des hivers doux, tandis que le sud est plus aride, caractérisé par des étés très chauds et des hivers frais. Je me souviens d'une visite à Kairouan en plein été. La chaleur était si intense que mon guide m'a conseillé de porter une chéchia, un bonnet traditionnel tunisien, pour me protéger du soleil. En fin de journée, alors que nous cherchions un endroit ombragé pour nous reposer, un habitant nous a proposé de partager un thé à la menthe dans son salon. La fraîcheur de la maison et l'hospitalité de notre hôte ont été une véritable bénédiction après une journée sous le soleil brûlant.

Économie et développement : Un pays en pleine évolution

La Tunisie est une économie émergente, avec une croissance soutenue par des secteurs comme le tourisme, l'agriculture, et les services. Cependant, la réalité économique tunisienne est complexe. Par exemple, lors de ma première tentative pour ouvrir un compte bancaire en Tunisie, j'ai été confronté à une bureaucratie plus longue que prévu. Après avoir passé deux heures à remplir des formulaires, le banquier m'a demandé avec un sourire : « Vous avez apporté votre patience avec vous ? » Cette question, bien que posée sur le ton de la plaisanterie, m'a fait comprendre l'importance de s'adapter aux réalités locales. Ce sont ces petits moments qui m'ont permis de mieux comprendre le rythme de vie tunisien, où la patience est souvent une vertu nécessaire.

Le contexte politique : Entre espoirs et réalités

Depuis la révolution de 2011, la Tunisie a traversé de nombreux défis politiques, mais elle reste l'un des pays les plus stables du Maghreb. Lors d'une de mes visites à Tunis, j'ai eu l'occasion d'assister à un débat public dans un café local. Les Tunisiens sont passionnés par la politique, et les discussions peuvent rapidement devenir animées. J'ai été surpris par la franchise avec laquelle les gens expriment leurs opinions. Après avoir écouté un débat enflammé sur les réformes économiques, un vieil homme m'a glissé : « Ici, tout le monde a un avis, mais personne n'a la solution. C'est pour cela que nous aimons tant discuter ! » Cette remarque, pleine de sagesse et d'humour, reflète bien l'état d'esprit des Tunisiens, qui restent optimistes malgré les défis.

Le tourisme : Un secteur clé

Le tourisme est l'un des piliers de l'économie tunisienne. Des sites historiques de Carthage aux stations balnéaires de Djerba, la Tunisie attire des millions de visiteurs chaque année. Lors d'une visite à El Jem, j'ai été émerveillé par l'amphithéâtre romain, l'un des mieux conservés au monde. Ce que je n'avais pas prévu, c'était de tomber sur un groupe de touristes italiens en train de reconstituer des combats de gladiateurs pour le fun. L'un d'eux, vêtu d'une toge, s'est approché de moi et m'a demandé si je voulais rejoindre leur "armée". C'était une invitation que j'ai poliment déclinée, mais l'humour et l'enthousiasme du groupe ont ajouté une touche inattendue à ma visite.

Un peuple chaleureux : Une culture d'accueil

Les Tunisiens sont réputés pour leur hospitalité. Dès mon arrivée, j'ai été frappé par la chaleur humaine que l'on ressent dans ce pays. Lors de ma première visite à un souk de Tunis, je me suis retrouvé à négocier le prix d'un tapis avec un marchand particulièrement jovial. Après un long marchandage, il m'a offert un thé à la menthe et m'a dit : « Ici, tout est négociable, même le sourire ! » Cette expérience m'a non seulement appris l'art de la négociation, mais elle m'a aussi montré à quel point les Tunisiens savent apprécier les interactions humaines.

L'art de vivre en Tunisie : Entre tradition et modernité

Vivre en Tunisie, c'est aussi découvrir un art de vivre unique. Que ce soit en dégustant un couscous en famille ou en flânant dans les médinas, chaque moment est une occasion de savourer la vie. Lors d'un dîner chez une famille tunisienne, j'ai été initié à la tradition du "m'semen", une crêpe feuilletée servie avec du miel. Alors que j'essayais de reproduire la technique sous les rires des enfants, la maîtresse de maison m'a encouragé : « En Tunisie, tout le monde cuisine avec le cœur. Alors, ne te soucie pas de la forme, c'est le goût qui compte ! » Ce moment a renforcé mon appréciation pour la culture culinaire du pays, qui est aussi riche que variée.

Un potentiel de développement : Les perspectives futures

La Tunisie est un pays en pleine mutation, avec un potentiel de développement encore largement inexploité. Investir ici, c'est non seulement se lancer dans une aventure économique, mais aussi s'immerger dans une culture riche et dynamique. Malgré les défis, la Tunisie offre des opportunités uniques pour ceux qui sont prêts à explorer et à s'adapter. En tant qu'investisseur, j'ai appris à apprécier non seulement les bénéfices financiers, mais aussi les expériences humaines qui enrichissent chaque étape du processus.

Cadre juridique de l'immobilier en Tunisie : Ce que tout investisseur doit savoir

Investir dans l'immobilier en Tunisie peut sembler séduisant, mais comme dans tout pays, il est crucial de bien comprendre le cadre juridique pour éviter les mauvaises surprises. La Tunisie dispose de règles spécifiques concernant l'achat de biens immobiliers par des étrangers. Si ces règles peuvent sembler complexes au premier abord, elles sont en réalité accessibles pour peu qu'on prenne le temps de s'y plonger. Mon propre parcours d'investisseur en Tunisie a été jalonné de découvertes, parfois surprenantes, mais toujours instructives.

L'achat immobilier pour les étrangers : un parcours parfois sinueux

En Tunisie, les étrangers peuvent acheter des biens immobiliers sous certaines conditions. Les non-résidents peuvent acquérir des biens situés dans les zones urbaines, mais l'achat de terres agricoles est strictement interdit aux étrangers. Cette distinction peut sembler simple, mais elle peut donner lieu à des situations inattendues. Je me souviens d'une fois où un ami, tout enthousiaste, avait trouvé un petit coin de paradis à acheter en périphérie de Tunis. Il s'imaginait déjà construire sa maison de rêve avec vue sur les champs d'oliviers. Ce qu'il n'avait pas prévu, c'est que ces terres étaient classées comme agricoles. La désillusion fut à la hauteur de son enthousiasme initial. Heureusement, nous avons pu en rire par la suite, surtout lorsqu'il a fini par trouver une maison en ville qui correspondait mieux à ses attentes et à la législation locale.

Pour acheter un bien en zone urbaine, il est obligatoire pour les étrangers d'obtenir une autorisation du Gouverneur de la région où se trouve le bien. Ce processus peut prendre du temps, et il faut s'armer de patience. Lors de ma première demande, j'étais optimiste, pensant que le dossier serait traité en quelques semaines. Après plusieurs mois d'attente, et quelques allers-retours avec l'administration, j'ai compris que la patience était effectivement une vertu essentielle. Un fonctionnaire m'a d'ailleurs dit en souriant : « En Tunisie, on ne fait rien dans la précipitation. C'est notre façon d'assurer que tout est bien fait ! ». Ce commentaire m'a rappelé l'importance d'adapter ses attentes au rythme local.

Les documents nécessaires : Un jeu de patience

Pour acheter un bien immobilier en Tunisie, plusieurs documents sont requis. Il est essentiel de s'assurer que le bien est en règle et que tous les papiers sont en ordre avant de signer quoi que ce soit. Parmi les documents indispensables figurent :

1. **Le titre foncier** : Ce document prouve que le vendeur est bien le propriétaire du bien et que ce dernier est libre de toute hypothèque ou litige.

2. **Le certificat de propriété** : Il indique les détails du bien et doit être vérifié attentivement pour s'assurer qu'il n'y a pas de discordance avec ce qui est annoncé.
3. **Le plan de la propriété** : Il est crucial de vérifier que le plan cadastral correspond bien au terrain ou à la maison que vous souhaitez acheter.

Je me souviens avoir rencontré un investisseur français qui avait pris à la légère l'importance de ces documents. Il avait signé une promesse de vente pour une villa dans un quartier résidentiel chic de Hammamet. Ce qu'il n'avait pas vérifié, c'était que le titre foncier était en litige, un détail que le vendeur avait omis de mentionner. Heureusement, en fouillant dans les archives avec l'aide d'un notaire, nous avons découvert le problème à temps, évitant ainsi une situation bien plus compliquée.

L'intervention du notaire : Un allié indispensable

En Tunisie, l'intervention d'un notaire est obligatoire pour la rédaction et la validation de l'acte de vente. Le notaire joue un rôle clé dans la vérification des documents, la sécurisation de la transaction, et la garantie que toutes les étapes légales sont respectées. Lors de ma première transaction, je me souviens avoir été impressionné par le sérieux et la minutie du notaire que j'avais engagé. Il a passé des heures à éplucher les documents, à vérifier chaque détail, et à poser des questions pointues au vendeur. Quand je lui ai demandé pourquoi il était si méticuleux, il m'a répondu avec un sourire : « Ici, il vaut mieux passer une heure de plus à vérifier qu'une vie à regretter. »

Ce conseil s'est avéré précieux, surtout quand j'ai découvert, au détour d'une conversation avec un autre investisseur, l'histoire d'un expatrié qui avait acheté une maison sans passer par un notaire. Le vendeur avait omis de lui dire que le bien faisait l'objet d'un litige familial. Résultat : des années de batailles juridiques pour clarifier la situation, des tracas qui auraient pu être évités avec une vérification appropriée dès le départ.

Les frais d'achat : Ce qu'il faut prévoir

L'achat d'un bien immobilier en Tunisie implique plusieurs frais annexes qu'il est important de prévoir dans son budget. Parmi ces frais, on trouve :

- **Les honoraires du notaire** : Ils varient généralement entre 1% et 3% du prix du bien, selon la complexité du dossier.
- **Les droits d'enregistrement** : Ils sont de 5% du prix du bien pour les étrangers.
- **Les frais de l'agence immobilière** : Si vous passez par une agence, prévoyez environ 2% à 5% du prix du bien pour leurs services.

Lors de l'achat de mon premier appartement en Tunisie, j'avais sous-estimé ces coûts. Je me souviens avoir été surpris en recevant la facture finale. Heureusement, j'avais un peu de marge dans mon budget, mais cela m'a servi de leçon. Depuis, je fais toujours une estimation détaillée avant de m'engager, et je conseille à tous les investisseurs de faire de même. Une bonne planification financière permet d'éviter bien des déconvenues.

Les pièges à éviter : Un avertissement amical

Investir en Tunisie peut offrir de belles opportunités, mais il est important de rester vigilant. Certains investisseurs étrangers ont rencontré des problèmes en raison d'un manque de connaissance des règles locales ou de la confiance aveugle en des intermédiaires peu scrupuleux. Un exemple qui m'a marqué est celui d'un couple français qui avait acheté une maison en bord de mer, sur la promesse que la zone était sur le point d'être développée. Malheureusement, le projet de développement n'a jamais vu le jour, et ils se sont retrouvés avec une maison isolée, loin des infrastructures promises.

À travers ces expériences, j'ai appris qu'il est essentiel de bien s'entourer. Travailler avec des professionnels locaux de confiance, vérifier chaque détail, et ne jamais se précipiter sont des conseils que j'applique à chaque transaction. Comme le dit un proverbe tunisien : « La hâte est l'ennemie de la perfection. »

Conclusion : Un cadre juridique à comprendre et respecter

Le cadre juridique tunisien est conçu pour protéger les acheteurs et les vendeurs, mais il peut aussi sembler intimidant pour ceux qui ne sont pas familiers avec les pratiques locales. En prenant le temps de comprendre les règles, en s'entourant des bonnes personnes, et en étant vigilant, il est tout à fait possible de réaliser un investissement immobilier sûr et rentable en Tunisie. Et surtout, comme je l'ai appris, il est important de garder son sens de l'humour face aux petites surprises que la vie en Tunisie ne manque jamais d'offrir.

Conditions et processus d'achat en Tunisie : Un voyage à travers la bureaucratie et les subtilités locales

Acheter un bien immobilier en Tunisie, c'est un peu comme entreprendre un voyage. Il y a des étapes à franchir, des documents à rassembler, et des décisions à prendre en cours de route. Mais ce voyage peut aussi être parsemé d'embûches si l'on n'est pas bien préparé. Dans cette section, je vais vous guider à travers les différentes étapes du processus d'achat, en partageant avec vous quelques anecdotes personnelles, des conseils pratiques, et les pièges à éviter.

La première étape : La recherche du bien idéal

La première étape de tout achat immobilier est bien sûr la recherche du bien parfait. En Tunisie, le marché immobilier offre une grande diversité de biens, allant des appartements modernes dans les grandes villes comme Tunis ou Sousse, aux maisons traditionnelles dans des villes historiques comme Hammamet ou Sidi Bou Saïd. Cependant, trouver le bien idéal peut parfois être plus compliqué qu'il n'y paraît.

Je me souviens de ma première expérience de recherche immobilière en Tunisie. J'étais tombé amoureux d'une petite maison à la médina de Tunis, avec ses murs blancs et ses volets bleus. Le vendeur, un homme charmant, m'avait promis que c'était une « affaire en or ». Heureusement, un ami local m'avait conseillé de faire preuve de prudence. Après quelques recherches, j'ai découvert que la maison en question n'avait pas de titre foncier en règle, ce qui aurait pu compliquer considérablement la transaction. Cette expérience m'a appris une leçon précieuse : en Tunisie, il est essentiel de ne jamais se fier uniquement aux apparences et de toujours vérifier les documents avant de s'engager.

Les conditions d'achat pour les étrangers : Ce qu'il faut savoir

Pour les étrangers, acheter un bien immobilier en Tunisie est possible, mais il y a des conditions à respecter. Tout d'abord, il est important de savoir que les étrangers ne peuvent pas acheter de terres agricoles. Seuls les biens situés en zone urbaine sont accessibles aux non-résidents. De plus, pour chaque transaction immobilière, une autorisation préalable du Gouverneur de la région est requise. Cette procédure peut prendre du temps, et il est important de s'armer de patience.

Lors de ma première demande d'autorisation, je me souviens avoir été surpris par la complexité du processus. Les documents demandés semblaient interminables, et chaque fois que je pensais avoir tout rassemblé, une nouvelle exigence surgissait. Un jour, alors que je pensais enfin être sur le point de soumettre mon dossier complet, le fonctionnaire en charge m'a souri et dit : « Vous avez aussi besoin d'une copie du plan cadastral signé par un géomètre agréé. » Inutile de dire que cette nouvelle m'a fait l'effet d'une douche froide. Mais au fil du temps, j'ai appris à ne pas me décourager face à la bureaucratie tunisienne. Avec un peu de patience et beaucoup de persévérance, j'ai finalement obtenu l'autorisation tant attendue.

La promesse de vente : Un engagement à ne pas prendre à la légère

Une fois le bien trouvé et les conditions d'achat remplies, l'étape suivante est la signature de la promesse de vente. Ce document engage le vendeur et l'acheteur à conclure la transaction, sous réserve de certaines conditions. En Tunisie, la promesse de vente est un acte sérieux, qui doit être rédigé avec soin et signé devant un notaire. Il est essentiel de s'assurer que toutes les conditions sont clairement spécifiées, notamment le prix, les modalités de paiement, et les délais.

Lors de la signature de ma première promesse de vente en Tunisie, j'ai eu la chance de travailler avec un notaire expérimenté, qui m'a aidé à naviguer dans les subtilités juridiques du document. Il m'a conseillé de bien lire chaque clause, et de ne pas hésiter à poser des questions. Un conseil qui s'est avéré précieux, car en relisant attentivement le document, j'ai remarqué une clause concernant des frais supplémentaires non mentionnés lors des négociations. Grâce à cette vigilance, j'ai pu éviter des coûts imprévus et renégocier les termes de l'accord.

Le financement de l'achat : Les options disponibles

Pour financer l'achat d'un bien immobilier en Tunisie, plusieurs options s'offrent aux investisseurs étrangers. Il est possible de financer l'achat par ses propres fonds, ou de contracter un prêt immobilier auprès d'une banque tunisienne ou étrangère. Les banques tunisiennes proposent des prêts immobiliers aux étrangers, mais les conditions peuvent varier selon l'établissement et la situation financière de l'acheteur.

Lors de l'achat de mon deuxième bien en Tunisie, j'avais décidé de contracter un prêt immobilier local pour financer une partie de l'achat. J'ai rapidement découvert que les taux d'intérêt étaient plus élevés que ceux auxquels j'étais habitué en France, et que les exigences en matière de garanties étaient plus strictes. Après plusieurs semaines de négociations avec différentes banques, j'ai finalement opté pour un prêt auprès d'une banque locale, avec un taux d'intérêt de 7% sur 20 ans. Ce choix s'est révélé judicieux, car il m'a permis de conserver une partie de mon capital pour d'autres investissements.

La signature de l'acte de vente : Le moment tant attendu

La signature de l'acte de vente est l'aboutissement de tout le processus d'achat. En Tunisie, cet acte doit être signé devant un notaire, qui s'assure que toutes les conditions sont respectées et que la transaction est conforme à la loi. Une fois l'acte signé, le bien est officiellement transféré à l'acheteur, et le notaire se charge de l'enregistrement auprès des autorités compétentes.

Je me souviens encore du sentiment de satisfaction que j'ai ressenti en signant l'acte de vente de ma première propriété en Tunisie. Après des mois de préparation, de négociations, et de patience, le moment était enfin arrivé. Le notaire, qui avait suivi tout le processus avec moi, m'a félicité et m'a remis les clés de ma nouvelle maison avec un large sourire. « Bienvenue en Tunisie, » m'a-t-il dit, « vous êtes maintenant chez vous ! »

Les conseils de l'auteur : Ce que j'ai appris en cours de route

Après plusieurs expériences d'achat immobilier en Tunisie, j'ai appris quelques leçons essentielles que je souhaite partager avec vous :

1. **Prenez votre temps** : Ne vous précipitez pas dans une transaction. En Tunisie, la patience est une vertu. Prenez le temps de bien comprendre chaque étape du processus et de vérifier tous les documents.
2. **Entourez-vous de professionnels** : Travailler avec un notaire expérimenté, un agent immobilier de confiance, et un avocat local peut faire toute la différence. Ces professionnels

connaissent les subtilités du marché et peuvent vous aider à éviter les pièges.
3. **Soyez prêt à négocier** : En Tunisie, la négociation fait partie de la culture. Que ce soit pour le prix d'achat, les conditions de financement, ou les honoraires des professionnels, n'hésitez pas à négocier pour obtenir les meilleures conditions.
4. **Vérifiez les documents** : Avant de signer quoi que ce soit, assurez-vous que tous les documents sont en règle. Vérifiez le titre foncier, le certificat de propriété, et le plan cadastral avec soin.
5. **Soyez patient avec la bureaucratie** : Le processus administratif en Tunisie peut être lent et complexe. Ne vous découragez pas et suivez chaque étape avec persévérance.

En suivant ces conseils, vous pouvez transformer votre investissement immobilier en Tunisie en une expérience positive et enrichissante. Et surtout, n'oubliez pas de garder votre sens de l'humour face aux imprévus. Après tout, comme le dit un proverbe tunisien : " La vie est pleine de surprises, et c'est ce qui la rend intéressante. "

Implications fiscales et financières en Tunisie : Naviguer dans les eaux fiscales avec prudence

L'achat d'un bien immobilier en Tunisie ne se limite pas à la transaction elle-même. Une fois l'acte signé et les clés en main, commence une autre étape tout aussi importante : comprendre et gérer les implications fiscales et financières de votre investissement. Comme dans tout pays, la Tunisie a son propre système fiscal, et il est essentiel de bien le comprendre pour éviter les mauvaises surprises. Dans cette section, je vais vous guider à travers les différentes taxes, impôts, et autres considérations financières liées à l'achat et à la détention d'un bien immobilier en Tunisie. Nous explorerons également des anecdotes et des cas réels pour illustrer les défis et les solutions possibles.

Les droits d'enregistrement et les frais de notaire : Une réalité inévitable

Tout d'abord, il est important de savoir qu'en Tunisie, comme dans de nombreux pays, l'achat d'un bien immobilier s'accompagne de frais supplémentaires, notamment les droits d'enregistrement et les frais de notaire. Les droits d'enregistrement représentent environ 1% du prix d'achat, tandis que les frais de notaire peuvent varier entre 1% et 2% du montant total de la transaction.

Je me souviens encore de la première fois que j'ai dû payer ces frais. J'étais un peu perplexe en voyant la somme totale grimper bien au-delà du prix initialement convenu. C'était comme si le bien immobilier s'était soudainement alourdi de quelques kilos supplémentaires. « C'est le prix de la tranquillité, » m'avait dit mon notaire avec un sourire. Il avait raison. Bien que ces frais puissent sembler élevés, ils garantissent que la transaction est menée de manière légale et transparente, ce qui est crucial dans un environnement étranger.

L'impôt foncier : Un coût annuel à ne pas négliger

Une fois que vous êtes propriétaire en Tunisie, vous devrez également payer l'impôt foncier, appelé ici « impôt de terrain non bâti » ou « taxe d'habitation » selon la nature du bien. Cet impôt est calculé en fonction de la valeur cadastrale du bien et doit être réglé chaque année. En général, cet impôt est relativement faible par rapport aux standards européens, mais il est tout de même important de le prendre en compte dans votre budget annuel.

Un ami, expatrié français, avait acheté un petit appartement à Sousse et avait négligé de payer son impôt foncier la première année, pensant que « ce n'était pas grand-chose ». Quelle ne fut pas sa surprise lorsqu'il reçut une lettre de l'administration fiscale tunisienne l'informant des pénalités accumulées ! Heureusement, après quelques visites au bureau des impôts (et une petite somme versée en retard), tout s'est arrangé. La morale de l'histoire ? En Tunisie, comme ailleurs, il vaut mieux être à jour avec ses obligations fiscales.

La taxe sur la plus-value : À prévoir en cas de revente

Si vous décidez de revendre votre bien immobilier en Tunisie, vous devrez également tenir compte de la taxe sur la plus-value immobilière. Cette taxe est due sur le gain réalisé lors de la revente du bien, c'est-à-dire la différence entre le prix d'achat et le prix de vente. Le taux de cette taxe est de 10% pour les résidents et de 15% pour les non-résidents. Toutefois, il existe certaines exemptions, notamment si le bien a été détenu pendant plus de dix ans ou s'il s'agit de la résidence principale.

Un autre investisseur, que j'avais rencontré lors d'un dîner à Tunis, m'a raconté son expérience avec la taxe sur la plus-value. Il avait acheté un terrain à Hammamet il y a une dizaine d'années, dans l'espoir de le revendre avec profit. Lorsque le marché immobilier a connu un boom, il a décidé de revendre le terrain. Cependant, il n'avait pas anticipé la taxe sur la plus-value, et une grande partie de son gain potentiel a été absorbée par l'impôt. « J'ai appris ma leçon, » m'a-t-il dit en riant. « La prochaine fois, je consulte un fiscaliste avant de faire quoi que ce soit. »

Les revenus locatifs : Quelle fiscalité pour les loyers perçus ?

Si vous envisagez de louer votre bien en Tunisie, il est essentiel de comprendre la fiscalité applicable aux revenus locatifs. Les revenus locatifs perçus en Tunisie sont soumis à un impôt sur le revenu locatif, dont le taux varie entre 15% et 35%, en fonction du montant des revenus. De plus, si vous louez votre bien en tant que non-résident, vous devrez également payer une taxe sur les revenus de source étrangère.

Lors de ma première expérience de location en Tunisie, j'avais loué un appartement à des expatriés pour une courte durée. Tout semblait parfait, jusqu'à ce que je réalise que je n'avais pas pris en compte les obligations fiscales liées à ces revenus. Après une rapide consultation avec un conseiller fiscal, j'ai compris qu'il fallait déclarer ces revenus et payer l'impôt correspondant. Bien que cela ait réduit mon bénéfice net, cela m'a permis d'éviter des ennuis avec l'administration fiscale. Depuis, j'ai toujours pris soin de bien comprendre et de respecter les obligations fiscales liées à mes investissements locatifs.

Les conseils de l'auteur : Comment éviter les pièges fiscaux ?

En matière de fiscalité, il est facile de se perdre dans les méandres des lois et des règlements. Voici quelques conseils pratiques pour vous aider à naviguer sereinement dans le système fiscal tunisien :

1. **Faites appel à un conseiller fiscal local** : La fiscalité tunisienne peut être complexe, surtout pour les étrangers. Un conseiller fiscal local

pourra vous aider à comprendre vos obligations et à optimiser votre situation fiscale.

2. **Anticipez les coûts** : Avant d'acheter un bien, assurez-vous de bien comprendre tous les coûts supplémentaires liés à la transaction, y compris les droits d'enregistrement, les frais de notaire, et les impôts futurs.

3. **Déclarez vos revenus locatifs** : Ne négligez pas la déclaration de vos revenus locatifs. Même si vous pensez que les montants sont faibles, il est important de rester en conformité avec la loi pour éviter des pénalités.

4. **Préparez-vous à la revente** : Si vous envisagez de revendre votre bien à l'avenir, renseignez-vous dès maintenant sur la taxe sur la plus-value et sur les éventuelles exemptions. Cela vous permettra de mieux planifier votre investissement.

5. **Gardez une trace de toutes les transactions** : Conservez tous les documents relatifs à votre achat, à la gestion de votre bien, et aux impôts payés. Ces documents peuvent s'avérer précieux en cas de contrôle fiscal ou de revente du bien.

6. **Soyez patient et persévérant** : La fiscalité peut sembler intimidante, mais avec un peu de patience et l'aide de professionnels compétents,

vous pouvez surmonter les défis et profiter pleinement de votre investissement en Tunisie.

Anecdote : Un moment de détente au bureau des impôts

Pour finir cette section sur une note plus légère, laissez-moi vous raconter une petite anecdote. Lors de l'une de mes visites au bureau des impôts à Tunis, après une longue attente dans une salle bondée, j'ai finalement été reçu par un fonctionnaire jovial qui, après avoir parcouru mes documents, m'a regardé avec un sourire malicieux et m'a dit : « Vous savez, monsieur, en Tunisie, on dit souvent que l'impôt, c'est comme le thé à la menthe : c'est amer au début, mais avec un peu de sucre, ça passe mieux ! » Nous avons éclaté de rire, et ce petit moment de convivialité m'a rappelé que, même dans les situations les plus sérieuses, un peu d'humour et de patience peuvent rendre les choses plus agréables.

Vie culturelle, touristique et sociale en Tunisie : Une immersion fascinante

La Tunisie, ce petit joyau du Maghreb, est un pays où l'histoire millénaire se mêle harmonieusement à une vie moderne vibrante. Investir dans l'immobilier en Tunisie, c'est bien plus que posséder un bien ; c'est s'offrir une part d'un pays où chaque coin de rue raconte une histoire, où la mer Méditerranée s'étend à perte de vue, et où la chaleur humaine est palpable à chaque rencontre.

1. Un patrimoine historique riche et diversifié

La Tunisie est un carrefour de civilisations depuis l'Antiquité. Les Phéniciens, les Romains, les Byzantins, et plus tard les Arabes, les Ottomans et les Français, ont tous laissé leur empreinte sur cette terre. Chaque région de la Tunisie recèle des trésors historiques, et vivre ici, c'est avoir la chance de voyager dans le temps au quotidien.

Carthage et Sidi Bou Saïd : Les joyaux de la banlieue nord de Tunis

Qui n'a jamais entendu parler de Carthage, cette cité antique qui fut autrefois l'une des plus puissantes de la Méditerranée ? Acheter une propriété à Carthage, c'est vivre au cœur de l'histoire. Le Musée national de Carthage, les thermes d'Antonin, et les villas romaines sont autant de vestiges à explorer.

Juste à côté, Sidi Bou Saïd est un village pittoresque perché sur une falaise, avec ses maisons blanches aux portes bleues qui semblent tout droit sorties d'un conte de fées. S'y promener au coucher du soleil, admirer les artistes de rue, et siroter un thé à la menthe au Café des Délices... Voilà un quotidien que peu de pays peuvent offrir.

Anecdote : Lors de ma première visite à Sidi Bou Saïd, j'ai été pris par l'envie soudaine d'acheter un tableau auprès d'un artiste local. Ce n'est qu'en rentrant à l'hôtel que j'ai réalisé que j'avais complètement oublié de négocier le prix, chose essentielle en Tunisie ! Depuis, chaque fois que je retourne au village, je m'arrête pour discuter avec cet artiste qui, tout sourire, me rappelle cette première rencontre.

---

2. Les plaisirs balnéaires et le charme du désert

Hammamet : La perle de la Méditerranée

Hammamet est sans doute l'une des destinations balnéaires les plus prisées de Tunisie. Son climat doux, ses plages de sable fin, et son ambiance festive en font un lieu de résidence idéal pour les investisseurs cherchant à combiner plaisir et rentabilité. La médina d'Hammamet, avec ses remparts séculaires et ses ruelles étroites, offre un cadre pittoresque pour une vie douce et tranquille.

Anecdote : Un jour, alors que je visitais une propriété à Hammamet, je me suis retrouvé embarqué dans une fête de mariage tunisien. La cérémonie, qui s'est déroulée sur la plage, était un spectacle haut en couleur, avec des danses traditionnelles, des chants, et un festin qui a duré toute la nuit. Depuis, chaque fois que je passe devant cette maison, je me souviens de ce moment inoubliable, me rappelant que l'immobilier en Tunisie, c'est aussi une question de rencontres inattendues.

Tozeur et le désert du Sahara : L'aventure à l'état pur

Si la mer et les plages ne vous suffisent pas, le désert du Sahara, avec ses dunes à perte de vue et ses oasis verdoyantes, offre une toute autre expérience. Tozeur, la porte du désert, est un lieu où la nature et la culture se rencontrent de manière spectaculaire. Les ksour (villages fortifiés) et les oasis comme Nefta vous plongent dans un autre monde.

3. La gastronomie tunisienne : Un festin pour les sens

La cuisine tunisienne est un savoureux mélange de traditions arabes, berbères, et méditerranéennes. Du couscous, plat emblématique du Maghreb, aux pâtisseries comme les makroudh et les baklavas, chaque repas est une fête pour les sens. Ne manquez pas de goûter aux spécialités locales comme le brik à l'œuf, la chorba (soupe), ou encore le méchoui (agneau rôti).

Conseil : Investir dans une propriété en Tunisie, c'est aussi découvrir la richesse de ses marchés. Le souk de Tunis, avec ses étals débordants d'épices, de fruits secs, et de poissons frais, est un véritable paradis pour les amateurs de bonne cuisine.

Anecdote : Un jour, en me rendant au souk pour acheter des épices, je me suis laissé tenter par un plat local cuisiné par une vieille dame dans une petite échoppe. C'était un méchoui délicieusement épicé. Elle m'a raconté qu'elle tenait cette recette de sa grand-mère, et qu'elle était un secret bien gardé de la famille. Cette rencontre m'a rappelé que la Tunisie n'est pas seulement un lieu pour investir, mais aussi pour se laisser surprendre par la générosité de ses habitants.

---

4. La vie sociale : Entre modernité et traditions

La Tunisie est un pays où les traditions sont encore très présentes, mais où la modernité a également pris sa place. La société tunisienne est dynamique, avec une jeunesse de plus en plus tournée vers l'avenir, tout en restant profondément attachée à ses racines.

Les Tunisiens sont connus pour leur hospitalité. Dès votre arrivée, vous serez probablement invité à partager un repas ou un café avec vos voisins. Cette chaleur humaine est l'un des grands atouts du pays. Cependant, il est important de respecter les coutumes locales, comme le fait de toujours accepter une invitation à manger, même si vous n'avez pas faim !

Anecdote : Lors de ma première semaine en Tunisie, mes voisins m'ont invité à un dîner chez eux. J'ai pensé qu'il s'agissait d'un repas simple, mais j'ai rapidement compris que c'était tout un festin qui m'attendait. J'ai essayé de refuser un second plat, mais la maîtresse de maison, avec un grand sourire, m'a dit : « En Tunisie, on ne laisse jamais un invité repartir avec une faim non rassasiée ! » Depuis, j'ai appris à toujours laisser un peu de place pour ces repas surprises.

---

5. Les fêtes et événements culturels : Un agenda bien rempli

La Tunisie est aussi un pays de festivals et d'événements culturels. Le Festival international de Carthage, par exemple, attire chaque année des artistes de renommée mondiale. Le Festival du Sahara à Douz est une autre manifestation incontournable, où vous pourrez assister à des courses de dromadaires, des danses folkloriques, et des spectacles traditionnels.

Investir dans l'immobilier en Tunisie, c'est aussi avoir l'occasion de participer à ces événements et de vous immerger dans une culture riche et diverse. Que vous soyez passionné d'histoire, de musique, ou simplement curieux de découvrir de nouvelles traditions, la Tunisie a quelque chose à offrir à chacun.

6. Vivre en Tunisie : Un équilibre entre qualité de vie et opportunités d'affaires

La Tunisie offre une qualité de vie exceptionnelle, avec un climat agréable toute l'année, une alimentation saine, et un coût de la vie relativement bas par rapport à l'Europe. Pour les investisseurs, c'est un cadre idéal pour concilier vie personnelle et activités professionnelles.

Le réseau de transport est bien développé, avec des connexions aériennes fréquentes vers l'Europe, ce qui facilite les déplacements entre la Tunisie et la France. De plus, le pays dispose d'infrastructures modernes, notamment dans les grandes villes comme Tunis, Sousse, et Sfax.

Conseil : Si vous envisagez de passer une partie de l'année en Tunisie, pensez à explorer les différentes régions avant de vous fixer. Chaque région a son propre charme et offre des avantages spécifiques, que ce soit pour la détente, les affaires, ou les rencontres culturelles.

Investissement locatif en Tunisie : Opportunités et conseils pratiques

L'investissement locatif en Tunisie représente une opportunité intéressante pour les investisseurs étrangers grâce à un marché immobilier en croissance, des coûts relativement bas, et un attrait touristique croissant. Cependant, pour réussir dans ce domaine, il est crucial de comprendre les spécificités du marché locatif tunisien, ainsi que les options disponibles pour maximiser le rendement de votre investissement.

1. Les types de location : saisonnière vs. longue durée

a. Location saisonnière : L'attrait des vacances en Tunisie

La Tunisie est une destination prisée pour le tourisme, particulièrement durant les mois d'été et les périodes de vacances scolaires. La location saisonnière peut offrir des rendements élevés, surtout dans les zones touristiques populaires comme Djerba, Hammamet, et Sousse.

Avantages :

- **Rendement potentiellement plus élevé** : Les tarifs de location saisonnière peuvent être beaucoup plus élevés que ceux de la location longue durée, particulièrement pendant les périodes de forte demande.

- **Flexibilité** : Vous pouvez utiliser la propriété pour vos propres vacances durant les périodes où elle n'est pas louée.

Inconvénients :

- **Fluctuations saisonnières** : Les revenus peuvent varier considérablement en fonction des saisons et de la demande touristique.

- **Gestion intensive** : La gestion de la location saisonnière peut nécessiter plus de temps et d'efforts, notamment pour la préparation et la maintenance fréquentes de la propriété.

Exemple : Un appartement de deux chambres à Hammamet peut générer entre 800 et 1 200 € par semaine pendant la haute saison estivale. En comparaison, le même bien pourrait rapporter environ 400 € par mois en location longue durée.

Conseil : Utilisez des plateformes de location en ligne comme Airbnb et Booking.com pour maximiser la visibilité de votre propriété et attirer des touristes. Assurez-vous également de respecter les réglementations locales concernant la location saisonnière.

b. Location de longue durée : Stabilité et revenus prévisibles

La location de longue durée, qui consiste à louer une propriété pour une période de six mois ou plus, peut offrir une source de revenus stable et prévisible. Cela convient particulièrement aux expatriés, aux étudiants, ou aux familles locales.

Avantages :

- **Revenus réguliers** : Les paiements mensuels garantissent une certaine stabilité financière.

- **Moins de gestion** : Comparée à la location saisonnière, la gestion de la location longue durée est généralement moins intensive.

Inconvénients :

- **Moins de flexibilité** : La propriété est occupée pendant toute la durée du bail, limitant l'utilisation personnelle du bien.

- **Rendement potentiellement plus faible** : Les loyers mensuels peuvent être inférieurs à ceux des locations saisonnières.

Exemple : Le même appartement à Hammamet pourrait être loué pour environ 500 € par mois en location longue durée. Cela assure un revenu régulier tout au long de l'année, avec des périodes de vacance minimales.

Conseil : Offrez des loyers compétitifs et maintenez la propriété en bon état pour attirer des locataires fiables. L'utilisation d'agences de gestion immobilière locales peut faciliter le processus et minimiser les tracas.

2. Intervalles des prix des loyers par région

Les prix des loyers en Tunisie varient considérablement en fonction de la région, de la taille de la propriété, et de sa proximité avec des attractions touristiques ou des centres d'affaires.

a. Tunis et sa banlieue

À Tunis, la capitale, les loyers peuvent varier en fonction du quartier. Dans les zones centrales comme la Médina ou le quartier de Lafayette, les loyers pour un appartement de deux chambres oscillent entre 600 et 1 000 € par mois.

b. La côte méditerranéenne

- **Hammamet** : Connue pour ses plages et son tourisme, les loyers peuvent aller de 500 à 1 200 € par mois pour des appartements bien situés. Pendant la haute saison, les prix des locations saisonnières peuvent grimper bien au-delà de ces valeurs.

- **Sousse** : Les loyers pour un appartement similaire peuvent varier de 400 à 900 € par mois.

Les périodes de forte demande touristique peuvent faire grimper les prix en saison estivale.

c. Djerba

Djerba, une île touristique populaire, offre une gamme de prix pour les locations saisonnières. Un appartement ou une villa peut être loué entre 600 et 1 500 € par mois pendant la haute saison. Les loyers pour des locations longue durée peuvent se situer entre 400 et 800 € par mois.

d. Intérieur des terres

- **Sfax** : En tant que grande ville industrielle, les loyers sont généralement plus bas, allant de 300 à 700 € par mois pour un appartement de deux chambres.

- **Tozeur** : Avec sa popularité croissante en tant que destination touristique, les loyers peuvent varier de 250 à 600 € par mois, avec des prix plus élevés pour les propriétés proches des attractions principales.

Conseil : Étudiez les tendances du marché local en consultant des agences immobilières et des plateformes de location en ligne pour obtenir des informations précises sur les loyers dans la région qui vous intéresse.

3. Conseils pour maximiser la rentabilité de votre investissement locatif

a. Sélectionner le bon emplacement

L'emplacement est crucial pour le succès de votre investissement locatif. Choisissez des zones avec une demande locative élevée, que ce soit en raison du tourisme ou de la présence d'établissements éducatifs et d'affaires.

Conseil : Investir dans des propriétés proches de la mer, des centres touristiques ou des pôles économiques est souvent plus rentable. N'hésitez pas à visiter la région pour mieux comprendre l'environnement et les opportunités.

b. Maintenir la propriété en bon état

Un bien bien entretenu attire des locataires de qualité et réduit les périodes de vacance. Assurez-vous que votre propriété est propre, fonctionnelle, et équipée pour répondre aux attentes des locataires.

Anecdote : Lors de la gestion d'un de mes biens, j'ai oublié de vérifier l'état de la climatisation avant l'arrivée d'un locataire en été. Le client s'est retrouvé sans climatisation pendant une semaine. Depuis, j'ai instauré un contrôle régulier des équipements pour éviter ce genre de problème.

---

c. Utiliser des agences de gestion immobilière

Les agences locales peuvent vous aider à gérer la location, à filtrer les locataires, et à maintenir la propriété. Elles sont particulièrement utiles pour les investisseurs étrangers qui ne peuvent pas être présents sur place.

Conseil : Sélectionnez une agence réputée avec des références solides. Discutez des frais de gestion et des services inclus avant de signer un contrat.

d. Connaître les réglementations locales

Les lois concernant la location peuvent varier, et il est important de se conformer aux réglementations locales pour éviter des problèmes juridiques. Informez-vous sur les droits des locataires, les exigences en matière de bail, et les obligations fiscales.

Conseil : Consultez un avocat ou un conseiller local spécialisé en immobilier pour vous assurer que vous respectez toutes les exigences légales et fiscales.

e. Offrir des services et des commodités supplémentaires

Les petites touches peuvent faire une grande différence dans la satisfaction des locataires. Offrir des services comme le nettoyage régulier, des meubles de qualité, ou une connexion Internet rapide peut augmenter la valeur perçue de votre propriété.

Anecdote : Un jour, en visitant un bien que je louais, j'ai découvert que le précédent locataire avait laissé un panier de bienvenue avec des produits locaux. Depuis, j'ai décidé d'offrir un panier similaire à chaque nouveau locataire. Cela a grandement amélioré la satisfaction et les avis positifs !

Guide pratique pour investir en Tunisie : Étapes, conseils et meilleures pratiques

Investir en Tunisie peut être une aventure passionnante et lucrative, à condition de bien se préparer et de suivre les bonnes démarches. Cette section fournit un guide détaillé des étapes clés pour réaliser un investissement immobilier en Tunisie, ainsi que des conseils pratiques pour optimiser votre expérience d'achat et de gestion.

1. Préparation avant l'achat

a. Recherche et analyse du marché

Avant de faire un achat, il est crucial de comprendre le marché immobilier tunisien. Recherchez les tendances actuelles, les prix des propriétés, et les zones en développement. Utilisez des ressources telles que les sites d'annonces immobilières, les rapports de marché, et les avis d'experts.

Conseil : Abonnez-vous à des newsletters et suivez les publications locales spécialisées pour rester informé des nouvelles tendances et des opportunités. Visitez la Tunisie à plusieurs reprises pour avoir une idée concrète des différents quartiers et de leur potentiel.

b. Établissement d'un budget

Définissez un budget clair en tenant compte non seulement du prix d'achat de la propriété, mais aussi des frais supplémentaires tels que les taxes, les frais de notaire, et les coûts de gestion. Évaluez également vos options de financement et préparez-vous à faire face à des éventualités financières.

Anecdote : Lors de mon premier investissement en Tunisie, j'avais sous-estimé les frais annexes, notamment les frais de notaire et les impôts locaux. Cela a entraîné une série de dépenses imprévues. Depuis, j'établis toujours un budget détaillé avec une marge pour les imprévus.

c. Choix d'un conseiller immobilier local

Engagez un agent immobilier ou un conseiller local ayant une bonne réputation et une connaissance approfondie du marché. Un professionnel expérimenté peut vous guider dans vos recherches, vous aider à négocier, et vous fournir des conseils précieux sur les aspects légaux et pratiques.

Conseil : Recherchez des recommandations auprès d'autres investisseurs ou expatriés et vérifiez les références avant de choisir un conseiller immobilier.

2. Le processus d'achat

a. Trouver la propriété idéale

Une fois que vous avez défini votre budget et trouvé un conseiller immobilier, commencez à rechercher des propriétés qui correspondent à vos critères. Visitez plusieurs biens pour comparer les options et évaluer leur état et leur potentiel.

Anecdote : Lors de ma recherche, j'ai visité plusieurs propriétés avant de trouver celle qui correspondait parfaitement à mes attentes. L'une d'elles avait une vue magnifique mais nécessitait des rénovations importantes. Bien que séduisante, j'ai préféré un bien prêt à être loué immédiatement.

---

b. Négociation et offre d'achat

Une fois que vous avez sélectionné une propriété, faites une offre d'achat. Soyez prêt à négocier le prix et les conditions avec le vendeur. La négociation est une partie essentielle du processus d'achat, et un bon agent immobilier peut vous aider à obtenir les meilleures conditions possibles.

Conseil : Négociez non seulement le prix, mais aussi les conditions de vente, telles que les dates de clôture et les frais de notaire. Un peu de préparation et de flexibilité peuvent vous aider à conclure un accord avantageux.

c. Vérification juridique et due diligence

Avant de finaliser l'achat, effectuez une vérification approfondie de la propriété. Cela inclut la vérification des titres de propriété, des permis de construire, et de l'absence de litiges ou de dettes associées à la propriété. Un notaire local ou un avocat spécialisé peut vous aider à effectuer cette due diligence.

Anecdote : Une fois, j'ai découvert un problème de titre de propriété lié à une erreur administrative lors de la vérification. Grâce à l'intervention rapide d'un avocat, le problème a été résolu avant la signature de l'acte de vente.

---

d. Finalisation de l'achat

Après avoir vérifié tous les aspects juridiques et financiers, vous pouvez procéder à la signature de l'acte de vente. Ce processus se fait généralement devant un notaire, qui s'assurera que toutes les formalités sont respectées et que la transaction est enregistrée correctement.

Conseil : Assurez-vous de comprendre tous les documents que vous signez et de demander des explications si nécessaire. La transparence dans ce processus est essentielle pour éviter les problèmes futurs.

3. Gestion de la propriété

a. Entretien et gestion courante

Après l'achat, assurez-vous que la propriété est bien entretenue. Cela inclut les réparations régulières, le nettoyage, et la gestion des locataires si vous avez choisi de louer le bien. Un entretien régulier est crucial pour préserver la valeur de votre investissement et assurer la satisfaction des locataires.

Conseil : Engagez une société de gestion immobilière locale si vous ne pouvez pas être sur place pour gérer la propriété. Cela vous permettra de vous concentrer sur d'autres aspects de votre investissement tout en garantissant que la propriété est bien entretenue.

b. Maximisation du rendement locatif

Pour maximiser le rendement locatif, fixez des loyers compétitifs et assurez-vous que votre propriété est bien positionnée sur le marché. Offrez des commodités qui attirent les locataires et soyez flexible avec les conditions de location lorsque cela est possible.

> **Témoignage** : Paul, un investisseur ayant plusieurs propriétés en Tunisie, explique : « J'ai découvert que des petites améliorations, comme la rénovation des cuisines et des salles de bains, peuvent augmenter considérablement le rendement locatif. Les locataires sont prêts à payer plus pour un bien moderne et bien entretenu. »

c. Conformité avec les réglementations locales

Assurez-vous de respecter toutes les réglementations locales concernant la location, y compris les exigences en matière de sécurité et de santé. Tenez-vous informé des changements dans les lois et les règlements pour éviter les sanctions et les problèmes juridiques.

Conseil : Consultez régulièrement des experts locaux et des associations professionnelles pour rester à jour sur les changements réglementaires. Cela vous aidera à maintenir la conformité et à éviter des complications.

4. Conseils pratiques pour un investissement réussi

a. Construire un réseau local

Établissez des relations avec des professionnels locaux, tels que des agents immobiliers, des avocats, et des gestionnaires immobiliers. Un bon réseau peut vous fournir des conseils précieux, des recommandations, et des opportunités d'investissement supplémentaires.

Conseil : Participez à des événements locaux et rejoignez des groupes d'investisseurs pour élargir votre réseau et obtenir des informations utiles sur le marché immobilier.

b. Prévoir un fonds d'urgence

Ayez toujours un fonds d'urgence pour couvrir les dépenses imprévues liées à la propriété, telles que des réparations urgentes ou des périodes de vacance. Cela vous permettra de faire face aux imprévus sans compromettre votre investissement.

Anecdote : Lors de la gestion d'un de mes biens, un problème de plomberie a nécessité une réparation coûteuse. Heureusement, j'avais prévu un fonds d'urgence, ce qui m'a permis de résoudre le problème sans stress financier.

---

c. Évaluer régulièrement les performances

Évaluez régulièrement les performances de votre investissement en termes de revenus locatifs, d'appréciation de la valeur, et de coûts de gestion. Cela vous permettra d'ajuster votre stratégie en fonction des évolutions du marché et de maximiser la rentabilité.

Conseil : Utilisez des outils de gestion financière et des logiciels d'analyse pour suivre et analyser les performances de vos investissements. Cela facilitera la prise de décisions éclairées et stratégiques.

Conclusion

Avantages et défis de l'investissement immobilier en Tunisie

Les avantages d'investir en Tunisie

a. Un marché en pleine expansion

L'immobilier en Tunisie a connu une dynamique positive ces dernières années, avec une demande croissante pour des résidences secondaires ainsi que des biens locatifs. Les investissements dans des villes côtières comme Hammamet ou Sousse, ou dans des zones en développement comme Enfidha, offrent des opportunités intéressantes. Le prix de l'immobilier, encore abordable par rapport aux standards européens, permet des rendements attractifs.

Exemple : Un appartement de deux chambres à Hammamet peut être acheté pour environ 60 000 €, tandis qu'un bien similaire à Paris coûterait environ 400 000 €. Cette différence de prix permet de diversifier son portefeuille tout en accédant à des rendements locatifs intéressants.

b. Qualité de vie exceptionnelle

La Tunisie est réputée pour sa qualité de vie. Le climat doux, les plages magnifiques, et la cuisine savoureuse contribuent à un cadre de vie agréable. De plus, le coût de la vie y est relativement bas, offrant ainsi un excellent rapport qualité-prix pour les expatriés et les retraités.

Témoignage : Marie, une expatriée française vivant à Tunis, nous confie : « J'ai choisi la Tunisie pour sa qualité de vie et son coût abordable. Je vis dans un appartement avec vue sur la mer pour moitié du prix que je paierais en France. Et chaque jour, je découvre de nouvelles saveurs et traditions. »

c. Un environnement politique stable

Comparée à d'autres pays de la région, la Tunisie a fait des progrès significatifs en matière de stabilité politique et économique. Depuis la révolution de 2011, le pays a travaillé sur des réformes et des améliorations qui ont contribué à renforcer la sécurité des investissements.

Conseil : Restez informé des évolutions politiques et économiques du pays en consultant régulièrement les actualités locales et les rapports d'experts. Bien que la situation soit généralement stable, il est essentiel de rester vigilant.

Les défis de l'investissement immobilier en Tunisie

a. La bureaucratie et les démarches administratives

Les démarches administratives peuvent parfois être complexes et longues. Il est essentiel de s'entourer de professionnels locaux compétents pour naviguer dans le système et éviter les pièges. La compréhension des procédures, des permis et des formalités fiscales est cruciale pour un investissement réussi.

Anecdote : Lors de l'achat de ma première propriété en Tunisie, j'ai été confronté à un imbroglio administratif qui a failli me faire abandonner l'affaire. J'ai dû faire appel à un notaire local pour débloquer la situation. Depuis, j'ai appris à toujours vérifier les documents et à avoir un expert local à mes côtés.

---

b. Les fluctuations du marché immobilier

Comme dans tout marché, il existe des fluctuations qui peuvent impacter les rendements. Les prix peuvent varier en fonction de la demande, des politiques économiques, et des conditions locales. Il est donc important d'effectuer une analyse approfondie du marché et de surveiller les tendances pour ajuster ses stratégies d'investissement.

Conseil : Restez informé des tendances du marché en consultant des rapports d'experts et en suivant les actualités immobilières locales. Envisagez aussi de diversifier vos investissements pour minimiser les risques associés aux fluctuations.

c. La gestion locative à distance

Pour les investisseurs étrangers, la gestion des biens à distance peut poser des défis. Assurez-vous de disposer de contacts fiables sur place, tels que des agences de gestion locative ou des gestionnaires de propriété, pour s'occuper des aspects quotidiens de la location.

Témoignage : Julien, investisseur en Tunisie, explique : « Au début, gérer ma propriété depuis la France était un défi. J'ai finalement engagé une agence de gestion locale qui m'aide à résoudre les problèmes quotidiens. Cela m'a permis de profiter de mes investissements sans stress. »

---

d. Les différences culturelles et juridiques

Les différences culturelles et les particularités du système juridique tunisien peuvent également représenter des obstacles pour les investisseurs étrangers. Il est essentiel de comprendre ces différences et de respecter les traditions locales pour éviter les malentendus et les conflits.

Conseil : Informez-vous sur les coutumes et les pratiques locales. La compréhension des normes culturelles peut faciliter les transactions et les relations avec les partenaires locaux.

e. L'impact de la saisonnalité

Certaines régions touristiques peuvent connaître une forte saisonnalité, ce qui peut influencer les revenus locatifs. Les propriétés situées dans des destinations de vacances comme Djerba ou Sousse peuvent voir une fluctuation importante des locataires selon la saison.

Conseil : Planifiez votre stratégie locative en fonction des saisons. Envisagez de proposer des offres attractives hors saison ou de diversifier vos options de location pour attirer différents types de locataires tout au long de l'année.

Réflexions finales

Investir en Tunisie peut offrir des opportunités intéressantes, grâce à un marché immobilier attractif, un coût de la vie abordable, et une qualité de vie élevée. Toutefois, comme pour tout investissement, il est important de bien comprendre les défis et de se préparer en conséquence.

En vous entourant de professionnels compétents, en restant informé des évolutions locales, et en respectant les coutumes, vous pouvez maximiser vos chances de succès. La Tunisie est un pays où chaque investissement peut être enrichi par une expérience de vie unique, offrant non seulement des rendements financiers mais aussi une immersion dans une culture fascinante.

Avis Personnel

En tant qu'investisseur ayant une expérience personnelle en Tunisie, je trouve que les avantages l'emportent largement sur les défis. La Tunisie offre des opportunités uniques pour ceux qui sont prêts à naviguer dans ses particularités. Les prix attractifs, la rentabilité intéressante, et la qualité de vie en font une destination de choix pour les investissements immobiliers.

Cependant, il est crucial de bien se préparer et de comprendre les nuances du marché local. Avec une bonne planification, des conseils avisés, et une gestion proactive, les défis peuvent être surmontés, et les investissements peuvent s'avérer extrêmement fructueux.

www.ingramcontent.com/pod-product-compliance
Lightning Source LLC
Chambersburg PA
CBHW071839210526
45479CB00001B/199